ज्ञान गरिमा के
65 वर्ष
भारतीय ज्ञानपीठ

णाणं
पयासयं
वीर नि.सं 2470
ई.सन् 1944
भारतीय ज्ञानपीठ

होने न होने से परे

(भारतीय ज्ञानपीठ के नवलेखन पुरस्कार से सम्मानित कविता-संग्रह)

होने न होने से परे

अमित कल्ला

भारतीय ज्ञानपीठ

लोकोदय ग्रन्थमाला : ग्रन्थांक 922

ग्रन्थमाला सम्पादक

रवीन्द्र कालिया

सह-सम्पादक

गुलाबचन्द्र जैन

पहला संस्करण : 2008

दूसरा संस्करण : 2009

ISBN 978-81-263-1756-1

प्रकाशक :

भारतीय ज्ञानपीठ

18, इन्स्टीट्यूशनल एरिया, लोदी रोड

नयी दिल्ली-110 003

मुद्रक : विकास कम्प्यूटर ऐंड प्रिंटर्स, दिल्ली-110032

आवरण-चित्र : अमित कल्ला

आवरण-सज्जा : चन्द्रकान्त शर्मा

दूसरा संस्करण : 2009

मूल्य : 120 रुपये

HONE NA HONE SE PARE

(Hindi Poems)

by Amit Kalla

Published by

Bharatiya Jnanpith

18, Institutional Area, Lodi Road

New Delhi-110 003

e-mail : jnanpith@satyam.net.in, sales@jnanpith.net

website : www.jnanpith.net

Second Edition : 2009

Price : Rs. 120

दर्पणदृश्यी मायावी
प्रतिमानों को

अनुक्रम

कैसी आस्था

कैसी आस्था
मखमली मैदानों पर
पसरी पगतलियों की छाप
आँखें मूँदकर
स्वयं भविष्य बताता है
गेहुँआ-गेहुँआ बदन
माटी का लोंदा
कभी कोरा का कोरा रह जाता
कैसी हिमायत
क्या गिने जा सकते
इतने सारे चेहरे
वट वृक्ष की झालरें
आसमान को चीरते
परिन्दों के रेले
लालटेन की मद्धम रोशनी में
जन्म लेता सत्य
कितने बख़्तावर
असीमित नहीं होता
जिनके दाखिल होने का सबब
शायद यहीं छिपा है
रसूल के
परोक्ष परिबोध का सम्बन्ध।

एवमस्तु

सुलगता अलाव
एक विश्वास केवल
स्वयमेव विस्मय
माटी में रँगा इकसार
कौन हो तुम
नि:श्वास
हूबहू मार्तंड
लौट जाओ
मिथ्या यह सम्भोग
शब्दों का स्नान
कितनी देर तक रख पाएगी
विह्वल नदी अपने पास
सिमटे मखमली पंख
किसने दिया था वरदान
किसने कहा था एवमस्तु
देखो, ठहरे किनारों पर
बुझते कोहरे में छिपी
प्रांजलियाँ
कमलाक्षी मातृका का महोत्सव
उन कथाओं के रंग
सागर मंथन
बहक जाती है मनुष्यता

जब अनवरत शुरू होती खोज
आखिर दोनों हाथों पर
रोशनी मल
निकल पड़ता है
वीतरागी।

गराबत सहवास

कितना अच्छा होता है
अपनी जमीन पर लौटना
हलके से
सरहदें पार कर जाना
बदलता नहीं यूँ
कुछ भी हाथ नहीं आता
बस बहला देती
आग की हर लपट
रह जाते
पैंतरें सारे
निर्विरोध
उसकी पनाह में
तराश–तराश कर
हूबहू हमशक्ल–सा
कैसा सख्त कारोबार
रड़कता
अधपका अवसाद
नामुमकिन
अभागे रंगों का जादू
दबी दबी–सी
समय की सारणि
अब कहाँ

विश्वामित्र
चिमटा
धूनी
गराबत सहवास!

होने न होने से परे

सर्वदा
विषयीकृत
होने न होने से परे
कहाँ है वह
सर्वोच्च आकाश तारा
उसके सम्पर्क में रहने वाला
देहधारी सर्वमंगल विश्व
अधिभूत अन्तराल,
महाभाग्य की उत्पत्ति,
तत्त्वज्ञान,
पृथक्-पृथक् है गन्तव्य
वेग, योगमाया, हिरण्यगर्भ
सहसा बाह्य रंगों में नहीं
मृत्युपर्यन्त भी नहीं
सुनहरी चिलचिलाहटों में
असीम जलनिधि पर
ध्यानस्थ अपरा के तीक्ष्ण नेत्रों में
बसे भिक्षाटन-सा
नामरूप अर्थ उपलब्धि का
अभिन्न ब्रह्मज्ञान
होने न होने से परे।

कैसी लगती है

कैसी लगती है
वास्तविकता
सृष्टि का रूपायन
अन्तरिक्षगत मरीचिका का स्वप्न
जल में उपजा वृक्ष
किनारों को तोड़ती
धवल लहरें
शून्य का उल्लास
सीमातीत
उस अदृश्य की खोज
कैसी लगती है!

सम्भव नहीं रह पाती

सम्भव नहीं रह पाती
देवताओं की प्रतिज्ञा
रम्य अनुभवों पर स्थिर
चिर परिचित गन्ध
विस्तृत आकाश की विपुलतम अँगड़ाई
परिगृहीत तत्त्वों का विनियम
स्वप्नों से भरी अंजलियाँ
तथा
एकाकी देह की अन्तर्वृत्तियाँ
सम्भव नहीं रह पातीं।

साक्षी हूँ

साक्षी हूँ
अपने अहंकार की पराजय का
बहुत कुछ बाकी है अभी
प्रयोगों के अन्तर्जीवन में दुबके
अपने अस्तित्व को खोजना
किसी अन्य लोक से
सदा मौजूद रहता है जहाँ
अकिंचनता का आविर्भाव
प्रतिष्ठित रंगों का जादू
चौकाने वाला काला गणित
अपने केन्द्र में आमन्त्रित करता सुमेरु
स्वप्निल निसर्ग
अथवा
वैदूर्य-सा इच्छित वर
कुछ भी क्रियाबद्ध नहीं
सीमातीत है
सर्वोपरि साक्षात्कार
जैसे बीज में वृक्ष
नेत्रों में प्रकाश
भूमि में जल
आकाश में तडित्
ठीक वैसा ही अजर-अमर स्थायित्व।

निरदोसी मन

भूल नहीं पाता
अभागा कथन
अपनी आँखों पर पट्टी बाँधे
जगजाहिर बावरा
आबद्ध नहीं कर पाते
पूर्वा के नयन
निरदोसी मन
ठिठकता है
निसारता गुलज़ार
मौजों के रहस्य
चकमक की आग
कहनी-रहनी
कथनी-मथनी
सबके सब
लोक पदारथ
शेष
देखते लाचार शिल्प
कोई देह
करुणा-भरी
अजर-अमर
छिप-छिपकर
खोज लेती अपना कुनबा

लिख देती
बर्फीली सतह पर
रेशम, स्याही
राधा और
तुंगनाथ।

वापस आऊँगा

तीर, शब्द, भोर के स्वप्न
धरती में समाई जल की बूँद
बीता बचपन
अन्तरिक्ष से टूटे किसी पिंड जैसा
आँख से बहा आँसू
कुएँ में फेंके चन्द सिक्के
या फिर
गंगा में बही अस्थियों–सा
वापस आऊँगा।

चितेरा

रंगों के पुष्कर में
गोते खाते
पिघल पिघल
बह आते
सफेद, धूसर पहाड़
सर्द हवाएँ बनाती आकृतियाँ
समेटतीं, कभी सिमट जातीं
सिसककर किनारों तक

देवताओं की सभी
कल्पनाएँ साकारित
ठंडी जिनकी समस्त तासीरें
देखते देखते समाहित सभी
इस अनश्वर कल्पना लोक की
गहराइयों मध्य—
उकेरा जिसे
दिनों पूर्व ही
मस्जिद वाले
अनघड़ चितेरे ने।

स्वीकार

स्वीकार है
भभकता सूर्य
कचकोली कमंडल
अदृश्य समाधि
हर आचमन
नियति के अपरिचित नेत्र
दरगाह का संगमरमर
धूसर रंगों का उजाला
कुछ हवा, कुछ पानी
कुछ धूप, कुछ प्रार्थना
और
कुछ राख
जिसके हिस्से जितना
स्वीकार है।

ज़रा-सी बात

ज़रा-सी बात
देखते देखते
नागवार गुजरती है
कैसा प्रवाह
चाक-चाक हो जाते
ख्वाब सारे
दोनों ही ओर से
मोड़ लेते निगाहें
मन्दार के मानस-पुत्र
नदी के आसपास
बिखरे ज़ाफरान के रंगों में नहाये
अखरोट के वृक्ष
बदल देते लम्बी-सी रात का अर्थ
सरेराह पूछता बेसुध बाज़ीगर
किसमें है आदमीयत
गहरी-गहरी चुप्पी में
सँध जाती शहरी इमारतें
सन्देहहीन है बेगुनाह वक्त
सारा का सारा आसमान
चारबाग
और इक शब्द
'साक्षी फकीर'।

चलती मथानी

अगोरते अगोरते
ठहर जाता
बड़ा पापी है
इतना निकट
कि रंगसाजी करते
आमने–सामने होते हैं
बात देखा–देखी
या कही–सुनी
अब कहाँ ऐसी सदाकत
परस्पर
कसैला–कसैला
उठाया जाता एक मैला–सा
सवाल
कभी चलती मथानी देखता
तो कभी जंगलात से बाहर जाता
मुकम्मल रास्ता खोजता

निराधार है आजीवन मौन
रेशा–रेशा सा खिसकता
रेत का दरियाव
कैसा चिरवरदानी घूँट
आख़िर
कौन मुर्शिद

कौन मुरीद!
जोगी–जोगन
भेद–अभेद
शायद
और भी ज्यादा है
प्रज्ञा की प्रतिकृति–सा
प्रभात के पल्लवन को छूता
गहरे रंगों का
दिगन्तव्यापी विस्तार
शायद
और भी ज्यादा है।

नियति

पसीजता
कसमसाता मौन
अनवरत गढ़ता इक प्रश्न
अधर से सरका देता
सुलगते अलाव में
गहरी साँसें ले
रुकने लगता
समय तय करता पैमाने नियति के
मान-उपमान
आयाम-प्रमाण
विन्यास केवल
शेष
बदलते पाले अकारण ही
अनसुना-अनलिखा हिसाब-किताब
स्वर्ग यहीं नर्क यहीं
बहती रेत से गुज़रता रास्ता
फ़कीरी का
दूर दिखाई देता
कायोत्सर्ग मुद्रा में
किसी तीर्थंकर-सा।

अमनस्क योग

मेघदूत की चन्द्रा
या फिर
तारा के नयन
स्वप्नों की अगवानी करता सुमेरु
प्रतिहत आँखें
देखतीं
मरण–मारण के खेल
कितनी दूर
क्रमबद्ध
सत्य बुनता जुलाहा
देवकन्या
कदम कोरम की सेज
बूँद–बूँद
बिंधा–बिंधा–सा
समायत काल का प्रवास
कितनी दूर है
बिना दृश्य की दृष्टि
बिना प्रयत्न की स्थिर वायु
अमनस्क योग
कितनी दूर
वह गोपनीय अमृतपान!

देव–शिल्प

आरोहण–अवरोहण
के मध्य
सूक्ष्म रेखा
ध्वनि, स्वप्न, स्पन्दन से भी सूक्ष्म
अति सूक्ष्म
रेतीली रेखा
जो करती निर्माण
इक देव–शिल्प का।

क्या कुछ नहीं

जगाती है निरन्तर
निष्कम्प जलधारा
पेड़ और पानी का सम्भोग
या फिर
अक्षरों की पहेलियाँ
स्खलित चैत्याग्नि
सौरमानस पर आकृतियाँ
कोरता कामदेव
तिनका-तिनका बटोरता
तपस्वी पक्षीराज
ओझल
मंजरी के स्थलकमल
अश्वत्थ के प्रचित कर्म
प्रयाग का परदेसी
हेमकूट
वृन्दावन
क्या कुछ नहीं!

आखिर कब तक

आखिर कब तक
अवस्थित आकाश
बनता रहेगा प्रत्यक्षदर्शी
कौन-सा योग बाँधे है काल को
स्वप्न और सत्य के मध्य की धुरी
तोड़ती अभ्यस्त मौन शिल्पों का
दीवार के पार दखल देता सूर्य
गढ़ता विन्यास शाश्वतता का
आखिर कब तक
समय तत्त्व की अन्तर्वृत्तियाँ
प्रसारित करेंगी अनपेक्षित राग
लहरें सम्भव ही डुबो देगी
बरसाती धुन्ध
अगली सुबह
केवल दो सुन्दर पंख
दूर-दूर
विशाल पत्तों के नीचे
हरियाले खेतों में
बहते जल में।

मैं भी चाहता हूँ

वक्त बेवक्त
उकसाता
बर्फ-बर्फ-सा
बस इतनी सी
गुंजाइश
सूर्य की आँखों में
डूब जाने का सुख
कैसा लगता है
अप्रत्याशित रंग
काला कव्वा
मायावी भौंपू
अकुलाहट परोसता कुरंजा

मैं भी चाहता हूँ
विशाल पंखों वाली तितली-सा
बेसुध सूफी का
जुड़वा जो जाना
सजल उत्तरार्ध से लौटती
अलिप्त चौबीस प्रार्थनाएँ देखना
चैतन्यमयी स्वप्न-सा
जहाँ का तहाँ
रह जाना।

आक्षेप या अभिज्ञान

सुनकर समस्त अन्तःकथा
बारी-बारी सोना चाहते
सदियों पूर्व
कच्चा अनुभव था
आक्षेप या अभिज्ञान
कहाँ गया वह सूर्य
इन्द्रधनुष
अज्ञात शब्दों को छूकर
धीरे-धीरे गुजरता सम्मोहन
अगाध गहराई में
अवास्तविक बर्फ
वटवृक्ष
खसखस की सुगन्ध
दिन-प्रतिदिन और भी
गहरी-गहरी
कौन मुक्त करेगा संजीवनी
फूलों के भीतर या
पानी की सतह के नीचे
उसी देवस्थान तक
चिड़ियों के साथ
कौन दोहराएगा
मृत्युंजयी मन्त्र महाकाल के!

केवल पंख दिखाई देंगे

आकाश से गिरा अपरिमित सुख
श्वेत जल प्रपात-सा
छलकेंगी हृदय की सूखी नदियाँ
बीज व्याप्त कमल के जहाँ
छोटी मछली जो संगिनी थी
आएगी लौटकर
रेगिस्तान में खेजड़ी पसारेगी जड़ें
धूप टिटहरी बन मधुपान करेगी
भूल जाएगा चन्द्रमा स्वरूप बदलना
कुछ समय बाद केवल पंख दिखाई देंगे
उड़ जाएँगे सभी
हाथों को उठा
अगले पड़ाव की ओर।

परत-दर-परत

परत-दर-परत
चढ़ते रंग
स्वप्न स्वप्नों पर
बिखरती टूटती स्मृतियाँ
बँध जातीं पतली डोर संग

आधारों पर जिनके देते पहरा
अश्वत्थामा के नुकीले तीर

कहीं वृक्ष को देखता वृक्ष
कहीं जल को जल
कहीं पर्वत को पर्वत

समाने लगते सभी समन्दर में
समय निरन्तर करता मन्थन
तदन्तर
वृक्ष को वृक्ष से
जल को जल से
पर्वत को पर्वत से
अलग अलग करता
लेकिन समन्दर, समन्दर ही रहता
क्योंकि थामा जो दामन है उसने
रंगों की परिधियों में समाये
काले काले पिंडों का।

सुनहरा स्वप्न

बहुत छोटा
रेत का किला
लाल सफेद रंगों के
बीचों बीच
समुद्र की लहरों के
साथ-साथ
तैरती हैं इबारतें
संगेमरमरी ज़मीं पर
उलटी सीधी रेखाओं में उलझा
समागम का अर्थ
सूरजमुखी के खेतों में
बैठी आकाशीय लतिका
अकारण ही नहीं कुरेदती
खुरदरी सतहों पर अपना नाम
एतराज़
नम ओस में भीगी
आँखों की उन पुतलियों को
जिन्होंने अब तक नहीं देखा
एक भी
सुनहरा स्वप्न।

विरह–सा

मध्यरात्रि
समन्दर
मैं और चाँद
गढ़ते प्रसंग अव्ययों का
धीरे–धीरे
घुलता अँधेरा
किन्हीं अजनबी नेत्रों में
उतरता है
विरह–सा।

अप्राप्य नहीं

कुछ भी अप्राप्य नहीं
बादशाहत
गोपियों के नयन
मयूरपंख
एक वैरागी संकल्प
बाद
कुछ भी
अप्राप्य नहीं।

बजाते जिनके तम्बूरे रामदेव जी

आसमान की खुरदरी
परतें कुरेचता झुंड
बरगलों का
कभी मेहराबों पर
तो कभी चढ़ बैठता जनाना ड्योढ़ी पर

लकीरें दीमकों की करतीं पीछा
छूतीं अनन्त क्षितिजीय विस्तार
लुब्ध पतंगबाजों के माँझे
डूब खाते गोते
जिसमें भीगी शहतूत, कचनार
और रूखड़े की देह भी

पूर्वोत्तरीय सूर्य करता कंठस्थ
मुक्ति के उच्चार्य मन्त्र
दूर से पहचाना जाता है चीवर उसका

शतरंजी चालें चल
बना ठिठ-बिंगा रस्ता
बटोरता चौगान में बिखरी
सावन की डोकरियों को
बजाते जिनके तम्बूरे
रामदेव जी।

अनजानी देह की तपस्या

कैसी होती है
अनजानी देह की तपस्या
वैयक्तिक आस्वाद से बोझल
सहजीवी का पलायन
कोई और नहीं आसपास
केवल भीगा-भीगा-सा सहजज्ञान
क्षीरसागर-सा रहस्यलोक
कँटीला भूरापन
कैसा साक्ष्य यह
अँजुरी से रिसती बूँद
रचती सुरमयी रसिला
दृश्य जगत्
कैसा साक्ष्य यह!

थोड़ा-थोड़ा

थोड़ा-थोड़ा
संगीत
थोड़ा पानी
थोड़ा अर्थ विस्तार
आशा-निराशा
अदला-बदली के बीच
बहती आग-सा अनावर्त
लय, ताल, ध्वनि-सा
प्रतीकों की परम्परा दोहराता
सिलसिलेवार उभरता डूबता मुकाम
देहाती मौन से गुजर
पदावलियों के अंश गिनता
काल की अभिव्यक्ति कला तक
नजरों के मरने मारने तक
कौन जो सिद्ध करेगा वागर्थ
विलय के अर्थ रचेगा
कौन जो उन अदृश्यमयी देवताओं
की छवियाँ खोजेगा!

शायद यही कला है

एक टेढ़ी रेखा खींचने से पहले
जानना होगा सागर में व्याप्त
सीधी रेखा को

एक बिन्दु कोरने से पहले
देखना होगा आकाश में गतिमान
सूर्य को

कतरा-कतरा रंग लगाने से पहले
माटी के रंगों में डुबोना होगा
स्वयं को

एक चित्र देखने से पहले
देखना होगा
चित्त को।

प्रमुक्ति

अंश-अंश
डूबता टूटता छूटता
रुक रुककर उठता भँवर
फिरता जोगिड़ा
धरा लिखती नापतोल की सारणी
जीर्णशीर्ण श्वास की डोर
तरसता बादल
दूर-दूर तक अनुगूँज
प्यास-प्यास
सूरज का संन्यास
देवदारु का स्वप्न
बूढ़े शेर का उपदेश
भटकता धोरा
फरफराती हवा करती नानुकुर
प्रवर्तित बुभुक्षा होती तहस-नहस
फिर भी खोलती है पुलिन्दे
वास्तविक बहाव के।

भीतर–बाहर

भीतर–बाहर
कोई दायरा नहीं
बार–बार लेकर जन्म
बन जाते सहचर अनन्त के
यकायक पुलक से भर जाता
शून्यमयी आकाश
नदी, पर्वत
कृतार्थ देखते
वृक्ष योनि के समस्त
बैरागी सोपान
सिद्धियाँ बन जाती हैं विघ्न
नीले सोने का सैलाब शृंखलाबद्ध
कभी स्थावर
तो कभी फिरता
जंगम सा।

अज्ञात अरस्तू

अज्ञात अरस्तू
विरक्ति अनुरक्ति के मध्य
भग्नता चीरता
तलाशता सुनहरा भविष्य
असीमित बहाव गतिशून्य
स्थानहीन सघन वन
गताक्ष भटकता किसी
अनासक्तित योगी–सा
अन्तहीन दहकती आग में
निगल जाता
माथे की लकीरें
खिलवाड़
नदी की देह से
गन्धर्व या मसीहा
कतरा–कतरा अज्ञान
तो फिर कहाँ लिखा गया
वह एक शब्द
विश्रान्ति का!

बार–बार भरता

बार–बार भरता
क़तरा–क़तरा दोपहर
अपने आप सींचता
हर रिश्ता
अकसर
दो सतहों के बीच
आमने–सामने
बेकाबू–सा हो जाता है
निरुपाय
पाँव पसारता समन्दर
अनकहा सत्य
बिखरा–बिखरा शिला–स्वप्न
अंग–अंग जन्म लेती है अंजुली
कौन–से घट में घटता
आखिर
रह जाती हबीबी केवल
अचेत पक्के रंग
निथरता जल
साहिब जी
जीवित–मुकति गढ़ता है
करतार
बार–बार भरता है।

स्वयंवर

सहस्त्रों विश्वासों भरा
नेत्रों के संवादों में
उलझा लेती
मुश्किल
पीछा छुड़ाना परछाईं से
रेत को रेत से
अलग करने की कवायद
हमेशा की तरह
बदल जाते बादल
मैथुनरत शिल्पों की
विपुलतम अँगड़ाई से
थर्रा जाता है
देवल के शिखर का आम्लक
आज भी व्याप्त
असीम सम्भावनाएँ
वस्तुतः
कौन है द्रष्टा
डेरा सच्चा सौदा
कपिला
या श्रृंगारित मशान ?

कतीअत भरी रात

उड़ते उड़ते देखा
मंडलों के पार
एक सूर्य
कमल
सर्प
कर्णकुंडलों की छाया
एक नदी
नगर
घट के शून्य शिखर तक
पहुँच है जिसकी
ऐसा अनादि पुरुष
हर तत्त्व
जो टकराता
बारीक काँच-सा चुभता है
नागवार
कतीअत भरी रात
उसी नक़्शे कदम पर
हल्की हल्की फुहारों के बीच
तार-तार होती देह
रोकना मत अब इस रेत के परिवर्तन को
पहुँच जाने दो हर पंख को
उसके ख़ुदा तक।

जब चख लेता समय

देखा
इन्द्रधनुष
सुदूर मुल्कों को जीतता
टूटती नहीं रेखाएँ
अविराम बरसते हैं रंग
बरसों-बरस तक
भूल नहीं पाता
संरूढ़ित यथार्थ
अकसर
सूर्यास्त से पूर्व ही
छिप जाती
गुम हो जाती
लेकिन विश्वास उतना ही गहरा
होमर, एस्कीलस
सोफ़ोक्लीज़-सा
जिनके शब्द नहीं थकते
निसदिन
सोने के किले के बीचों-बीच
कोई और भी देखता
संलेख
जंजीरों में आकार लेती किताबें
चिकनी चिकनी मिट्टी

बूढ़े दरवाजे
चूल्हे
मशाल
अक्सर गुम हो जाते झूठे मुखौटे
जब चख लेता समय
नमक और लोहे की तासीरें।

अच्छा ही होगा अगर

कितनी दूर तक
फैलता मौन
कव्वे
चारपाई
झीनी-झीनी चाँदनी
पारदर्शी जल
पहचान लेता हूँ
वह कोमल स्पर्श
अच्छा ही होगा
अगर मिलेगी
गहरी नींद
नये-नये रंगों के हुजूम
पीछा करेंगे
नहीं चाहिए मुझे
मरहूम रियासत की वज़ीरी
नहीं देखना चाहता अक्स कोई
कुछ कहना तमाम बातें
सचमुच
भरी-भरी दोपहर में
बस कबूल किया
पूरा का पूरा
अज्ञान सत्य

अपनी सिमटी ज़मीन पर
शून्य का पीछा करता
इक गुबार
निर्मल रेत में खोजता है फिरदौसी
जमाने भर की रीति
नगाड़ों की आवाजें नहीं
जुड़वाँ रात की कहानी भी नहीं
सिवा
विश्रान्त मौन के
कबूल
समन्दर पर फैला
आसमान केवल।

यथार्थ की असल तस्वीर

सब कुछ
आपसी बात
खिंचा-खिंचा-सा
अन्तर्द्वन्द्व
एक अनबोला रिश्ता
मोह-छोह में
गीला अनुभव
पत्ता-पत्ता इक ठहराव
जमना का जल
महारास की रात
या अनूठा साँप-सीढ़ी का खेल
झुकती नहीं है कभी
ध्वनिलहर
निर्दोष रेखाएँ
झट से खड़ी हो जातीं
सिलसिला यथावत् दोहराया जाता
हाँ उसी स्थान पर
देख सकता जहाँ कोई
पश्चाताप में लिपटे
यथार्थ की
असल तस्वीर।

बिम्ब प्रतिबिम्ब रूप-प्रमाण

मूलाधार से सहस्त्रार
की यात्रा
अपने आप में मिलता है
कल्पनीय नहीं
गुरुशिखर
गोरक्ष टेकरी
नाम के अक्षरार्थ का मनन
अनित्य ही
उतर आते अग्नितत्त्व
श्वेत-श्वेत
चराचर सहज
स्थूल गिरिवरों के मध्य
स्फुरित होता उपाख्यान
पिंड सम्बन्ध
और
द्रव्यमयी तत्त्वों का गमन
इक अर्क-सा मौलिक उपागम
सहित का मूल अर्थ
बिम्ब-प्रतिबिम्ब रूप-प्रमाण
शेष
शिवोऽहम् शिवोऽहम् शिवोऽहम्।

कितनी रिक्तता

कितनी रिक्तता
सहसा अजन्मा रास्ता
खोजता है अपना मुकाम
सवालों से गुजरता
जिन्दगी भर का सच
सिमट जाता अपने बचपन में
छुपा नहीं पाता
अनागत प्रतिबिम्ब
अपने आप मिट जाती हैं
रेखाएँ
यकायक टूट जाता
सचमुच
निर्लिप्त आवाजों के सहारे ही
गुजर जाता यह संसार!

समय का ग्रास समय

समय का ग्रास समय
सोचता रहा
देखता रहा
पिघलते चाँद को
थका, सो गया
अब बदल चुके थे आईने
दिखा रहे अलग-अलग
प्रतिबिम्ब
किसी में पूरनमासी
तो कहीं चौथ का चन्द्रमा
झाँक रहा था
गहरे नीले
जल में।

पूर्वकाल

पूर्वकाल में
टटोलता तिनका-तिनका
इर्दगिर्द ही इहलोक
असमय
अपने आप से दूर होने की जुम्बिश
तत्त्व-प्राप्ति या कर्म-बन्धन
अक्रिय नहीं स्वतन्त्र लहर
नित्यस्फुरित महाअग्नि
निर्विकल्प समाधि में
यथावत् लीन
अकारण ही सुलगता पर्वत
निभाता जन्मभर की रीति
असम्मूढ़ लोक
सिद्ध करता अपना अधिकार
किन्तु सर्वोपरि है
पुरातन पुरुष
धुँधली-धुँधली कल्पना से प्रतिदिन
खेलता
सिलसिलेवार अटूट बन्धन
निर्जल आँखें
व्यक्त करतीं विन्यास
सघनतम अन्धकार के।

उसकी आँखें

उसकी आँखों में जो
चमक थी
क्या कहूँ
सितारा या स्वप्न
एक तरफ आकाश
जिसकी परिधि रँगी
स्वर्ण वर्ण से
चिड़िया चाहती बनाना
घोंसला
हिरण जहाँ विश्राम को लालायित
और भटक रहा था मैं
शरणागति के लिए।

आगम का अन्तिम सत्य

कैसा कल्पना चित्र
या
सहजज्ञान की अनुकृति
पलभर में
पसर जाते माटी के घरौंदे
एक दूसरे में गुथती परछाइयाँ
बिन्दु-बिन्दु रचते रहस्यमय आकाश
लगभग तय अब
शब्द रंगों का अनुराग
नहीं जान पाता कोई
अंकों का खेल
बुदबुदाता अँधेरा
भर लेता आगोश में
लाचार कठपुतली-सी
हर नज़र देखती है स्थानक प्रतिमाएँ
तुर्यातीत कोणार्क
दाग़दार है
कस्तूरी मृग
शालभंजिका
पत्थर की पतवार
एक छोटी-सी अरज
और आगम का अन्तिम सत्य।

पेरियार के मुहाने पर

पेरियार के मुहाने पर
ऋतु के साथ
बदला उसने पूर्ण स्वरूप
केवल पुष्प ही
गुलमोहर स्थितप्रज्ञ–सा
कराता स्वयं से अवगत
धीरे–धीरे
कल तक जिसे माना जाता था
निर्जन
आज लौटा निजस्वरूप में
अनगिनत कोपलें फूटती
रोम–रोम से
सहस्त्र जलधाराओं सी
दिखाई पड़ते केवल
रंग आज
बहुत प्रतीक्षा करवायी
लेकिन पूर्ण किया समस्त
स्वप्नों को
यक्ष बन परोसेगा सुनहरे
चावल
ऐसा है हृदेशीय संकल्प उसका।

कोर दीं कुछ स्मृतियाँ

कोर दीं कुछ स्मृतियाँ
माटी के रंगों से
माटी में मिल जाने के लिए
सफेद, लाल उस पर कुछ काले चिह्न
उकेर दिये

मूर्त अमूर्त बन्धनों को तोड़
ज्ञान के रुदनों को पीछे छोड़
बस बढ़ता गया मैं उस दिन
एक यात्रा थी, कितनी सुःखद, आनन्दमयी

तीन सिकरों में रंग
साथ एक तूलिका
अनगढ़ हाथों में
और ढेर सारे विचार
विकारों से परे
पहली वर्षा में प्रस्फुटित होनेवाली कोंपल से,
इन्हीं सब को संग लिये
बढ़ता ही गया
वापस ना आने के लिए।

रात उन्हें फिर शब्द बना देगी

रोज रात में खोलता हूँ पोथी
भोर होते ही शब्द चिड़िया बन
उड़ जाते हैं इक-इक कर
बस रह जाते कुछ
टूटे बिखरे पंख
सँजोता
बटोरता
रखता हूँ, किसी अन्य खाली पोथी में
आशा से
कि
रात उन्हें फिर शब्द बना देगी।

झाँकता आसमान

नीम की टहनियों के मध्य से
झाँकता आसमान
कुछ कहना चाहता
चिड़िया आकर पहले ही
कह देती कथा अपनी

सोचता—साँझ में
करेगा बातें निश्चित ही
बढ़ता
बूढ़ी गिलहरी सुना देती अपना स्वप्न

आसमान फिर धरता धीरज
इस बार चुनी रात आएगा दबे पाँव
आशाओं को लेकर झोले में

पूर्ण एकान्त
कोई विघ्न नहीं
अब तो देखते दोनों
एक-दूसरे को

अनायास सो जाता
मालिक घर का
फिर कभी नहीं जागने के लिए।

सतरंगी सपने

सतरंगी सपने बुनती
चलते-चलते
जहाँ बिखरे पंख मयूर के
तत्पर आज अनन्य समुद्गमों को
परछाइयाँ खोजतीं मूल देह अपना
नदी के मटीले कछारों पर बैठी
मखमली कहानियाँ सुनती रातभर
कहीं रावणहत्थे की ध्वनियाँ
कहीं गड़रियों की हुंकारें
तो कहीं रनवासों की लहरियाँ
सन्निबद्ध होतीं कानों में
युद्धोत्तर किया था मुक्त जिन्हें
कर्मिले अश्वारोहियों ने
वृत्तान्त
उन्हीं
सतरंगी सपनों का।

कौन जो

गर्म रेत पर
कौन लेटता
नदी का बचपन
कौन देखता, बहती हवाओं की इबारतें
कौन लिखता
पहाड़ी घास को पानी
कौन पिलाता
दिनों के गणित
कौन गिनता
जीवन–सी लम्बी लकीरें
कौन खींचता
कौन उगाता सूरज
कौन रात लाता
कौन सोखता पानी
कौन बरसाता बादल
कौन खिलाता पीले फूल
कौन क्षितिज की परिधि रँगता
कौन जो स्वप्न चखता
कौन जानता लेखा भविष्य का
कौन खेलता यह खेल!

प्राक्कृत कार्य

किसी वरदान–सा
अप्रत्याशित रंग
निर्बाध बहने लगता
चुनौती अखोह कछारों को
किसी अर्गला के बन्धन सा
होने न होने के मध्य
अनबोला व्यक्तित्व गिनता संवत्सर
देवल के शिखर की परछाईं पर लीपता शब्द
लोकनाथ
बोधिसत्व
अर्धनारीश्वर
वृक्ष के कोटर में बैठा यक्ष
देता दस्तक
हरे घास के मैदानी परिसर गढ़ते मुक्तावली
लम्बे अरसे बाद
सब कुछ प्रवाह में
जिसकी प्रतीति यायावर–सी
अंश–अंश प्रतिबिम्बित
जिस पर अंकित लेख
साबित होता
प्राक्कृत कार्य
निरन्तर बहते रहने का।

क्षितिजीय पारदर्शिता के भी पार

न कथा
न पात्र
न प्रेक्षक
रह गया
कोरा अनुभव
जिसे दोहराया नहीं जाता
कुरेदा जाता है
पूर्व-अपूर्व के मध्य
क्षितिजीय पारदर्शिता के भी पार
सुदूर दक्षिण में
सुना जाता जिसे
व्यक्त अव्यक्तों की पहचानी
पगध्वनियों में
पिया जाता अमिय रस-सा
यक्षियों की प्रवाहशील
अंजुलियों से।

व्याप्त अन्तरालों पर

व्याप्त अन्तरालों पर
पाता नया जन्म
जहाँ नया सूर्य करता प्रतीक्षा
सहस्र दलों-सी
नित्य अतीत और भविष्य के तार
बुनते स्वप्निल झीनी चादर
बिछाते जिसे यक्ष जीवन-लक्ष्यों
के पथ पर
कहीं यश तो कहीं तिरस्कार सार सत्य का
युगानुयुग क्रम निरन्तर अविरल
तीक्ष्ण बाण शब्दों के छिद्रित करते
सहृदयी भावों को
किसी प्रक्षेपास्त्र से भयभीत करते
तभी
कालजयी शिल्पों का पथ-संचलन
प्रेषित अमरता का मन्त्र
अगनित विद्याएँ प्रवाहित दशों-दिशाओं में
दत्त कुंड में उठती प्रत्येक लहर करती
प्रफुल्लित समस्त बिम्बों को
जिन्हें चूमता कातिक का
घटता बढ़ता चन्द्रमा, हर रात
व्याप्त अन्तरालों पर।

दिखाई जो देते पूरब में

आकाश गरजा
पृथ्वी स्तब्ध
सागर उमड़ा
नदियाँ बिखर गयीं
जंगलों ने किया पलायन
छोड़ा स्वयं को जीवों ने
सूर्य बना प्रत्यक्षदर्शी
रेगिस्तान पीछे हटा
बीहड़ों ने दिया रास्ता
स्वीकारी परतन्त्रता पठारों ने
खलिहानों ने किया समर्पण
गाँवों ने छोड़ दी अस्मिता
मेघों ने बरसना
चींटियों ने एक साथ चलना
लेकिन अड़े रहे वे
इकदम स्थिर
समेटने सभी को हृदय में
यही तो विशेषता है उनकी
दिखाई जो देते पूरब में
मेरे घर की छत से।

किस पर यकीन

किस पर यकीन
छलावा है
धीमें से कदम रख
गुजर जाता
कोई सागर
कोई कविता
या फिर
दोहराया हुआ
आलेखित विधान
दिशाएँ जानती हैं
समय का मौलिक उपागम
कई–कई गाठें खोलता
सब कुछ
पूर्व नियोजित–सा
सुनो,
अनेक हाथों के साथ
तुम्हारी ही तरफ
बढ़ रहा यह कोहरा
क्या यकीन है
अजनबी भाषा और रंगों पर
या बदस्तूर
कोई छलावा केवल ?

रिश्ते हैं इनसानों के साथ

हर प्रतीक की अपनी कहानी है
रिश्ते हैं इनसानों के साथ
कुछ छिपे कुछ उजागर
लेकिन बुनावट साफ दिखाई देती हैं

माटी समेटती विस्तार
सफेद रंग करते ठंडे ज़ख्मों को
लकीरें बहती नदी-सी हथेली में
लाल त्रिभुज उठाता भार परछाइयों तक

ऐसे ही प्रतीक बैठे
चरखे पर
कुछ न कुछ तो रचा ही जाएगा :
नये तारों का जन्म
नया क्षितिज
जोगिया दोहराएगा बुल्लाशाह
गेहूँ की बालियाँ छूएँगी
पत्ते पीपल के
आकाश को पंख लग आएँगे

चुने हैं ऐसे ही प्रतीक उसने
कोई कुछ न कह सकेगा
क्योंकि रिश्ते हैं उनके इनसानों के साथ।

कहीं ऐसे उत्सव

और भी
न जाने क्या क्या
अनबोला अनुसरण
तृप्ता का इकलौता आलिंगन
रेगिस्तान के रंग
किसी अज्ञेय-सा
स्वीकार
बर्फीले पहाड़ों का निमन्त्रण
कैसा सच
ज़र्रा-ज़र्रा छूता अन्तस्
यथावत्
बादलों की भी बीत जाती उम्र
रहने दो उन्हें सपनों के सहारे
इतना सरल नहीं होता
अज्ञातवास
कहाँ ऐसे उत्सव
देहगेह के खेल
हर इक पल छटपटाहट का
नीम से बतियाता
झुकता
दिखता है बौना आसमान
इस छोर से उस छोर तक

पीछे-पीछे भागे आते
समरथ सारथी
बारम्बार लौटती
अतीत की स्मृतियाँ
निराधार
रहस्यमयी रात से लड़ना
रहबर
बाकी है अभी देखना
क्षितिज के कगारों से उतर
बहती नदी-सा
बिखरी बिखरी धूप का सहारा ले
असल अनछुआ
सौंराई जिस्म खोजता
वनराज
और भी
न जाने क्या-क्या!

यथास्थिर

कहते चिरंजीवी
टूटता कथाक्रम
नि:शब्द थरथरा जाता
आँखें मीचे कदम्ब वन
शब्द तैरते गंगा की लहरों पर
धुआँ बाँधता सेतु
आकाश से बड़ा
असम्भव नहीं
किन्तु
प्रशान्त प्रश्न
यथास्थिर
केसर, सरसों
रोटी रागी की
या फिर
देव फूलों का स्पर्श
अन्तरंगता दर्शाता उल्लंघन
दोनों हाथ समेट
कल्पवृक्ष
गिनता अनुपस्थितियाँ तारों की
जिन्होंने धारण की
काया पारदर्शी।

बाँस की टोकरी, काँसे का कटोरा

आखिरकार
धारीदार मछली
चितेरे की रेखा के साथ
छू ही लेती फलक
बाँस की टोकरी
काँसे का कटोरा
लाल, काला, सफेद रंग
बग्गी में बैठा
हर शब्द
फाँदना चाहता अपनी ड्योढ़ी
सरकते सायों से
बौखलाये काफिले
नहर-नहर
तेज-तेज
छोड़ जाते
हलका-फुलका
अन्तःस्पर्श
जैसे
चूमते होठों पर
गिरती कोई
पाँखुरी गुलाब की।

कैसा अचरज

सिर्फ़ एक शब्द
युगानुयुग
सम्भावित विश्वरूप
साझेदार लुकाछिपा सूर्य
पदनियति के अकूत रंग
अव्यक्त समय
गुजर जाता
बुलबुला व्यथा ही रचता
ध्वनिरूप
पथरीला अतीत लम्बे समय तक
खोजता था पन्थ अपना
परस्पर पिघलने लगता
रेतिला समन्दर भी
हाँ
किसी ने नहीं देखा
कैसा अचरज
चलते-चलते ठहर जो जाता
देवराज
पूछता गहराई घटाओं से
कैसे मिटेंगे ये
पानी पर बिखरे
प्रतिबिम्ब!

छिछले पानी में खड़ा रावण

मयूरों को देकर पंख
हवा अब शिथिल
सुखासन में,
ऐसी खुली रात
आते जहाँ देवलोक से अमर योगी
करने पूर्ण अपूर्ण साधना
ले जाते लीन अवस्था में
यहाँ मयूर भी
जंगम बन
संचारित करते प्राण
छिछले पानी में खड़ा रावण
सोचता किसे पकड़ें
हवा को या उस
मयूर को!

अभिनव मंडल

काली रेखाएँ कोरती अभिनव मंडल
बिखेर आकृतियाँ स्फटिकों-सी
जहाँ अन्धकार भी साकारित करता पारदर्शिता
हद-अनहद की सरहदें पार कर
पहुँचते
स्वाति नक्षत्रीय गलियारों मध्य
पुरजोर प्रयास कर तोड़ने हैं मोती
आकाशीय लतिकाओं से
जहाँ प्रवर्तित नयन नीलाम्बुजी
कभी ये इन्द्र संग
अब छाँव में तुम्हारी पलकों के
पा रहे हैं अपने
स्वरूप को।

छोड़ दिया अब

जब कभी नजरें उठाता
दिखाई देता कोई
तोड़ता सरहदें आसमान की

जब कभी घर की दहलीजों के बाहर
कदम रखता
त्रिविक्रम बन नाप डालता कोई
धरती के
समस्त भू-भाग

जब कभी लिखने बैठता कोई व्यास
महाभारत लिख डालता
जब कभी सोने की चेष्टा करता
कोई कुम्भकरण
निद्रा चुरा लेता

छोड़ दिया अब
नजरें उठाना
कदम रखना
जल में उतरना
कुछ लिखना
सोना, और
सोचना भी।

इच्छा

सूर्य की किरणों पर
दौड़ता
पहुँचना चाहता
सूर्य तक
इसी लोक में
इसी जन्म में
इसी देह में।

कबीरी

कहते हैं
कबीर
पढ़ने की नहीं
समझने
पीने
जीने
रमने
मरने की चीज़ हैं
आखिर कबीर कोई चीज़ नहीं
कबीर तो खालिस फ़कीरी है
कबीरी है।

समय देवता होता है

समय
देवता होता है
पूजा जाता
गढ़ा जाता
जोड़ा जाता
मला जाता
आकार लेता
समय
कहने–सुनने लगता
अन्य देवताओं–सा
वर देने लगता
अप्रमेयता
दर्शाता
कभी बेबस हो जाता
वाकई
समय देवता होता है।

कितने पर्वत

कितने पर्वत
कितने मरुथल
अभिप्रयोजित एकादिक देह
आश्वस्त
ताउम्र भटकता पुष्कलक–सा
महानायक हमारा
टिमटिमाते तारक प्रत्यक्षदर्शी
शून्य से टकराकर उत्प्रेरित करती
पगध्वनियाँ
नितान्त एकान्त में बैठा भू–पति
बुनता इन्द्रजाल
खोजता विद्या समुद्र–बन्धन की
बस पास ही ऋषि पर्वत
ठहरे जहाँ
एकान्तचारी अवधूत
दिखाई पड़ते
जिनके पारम्परिक लिबास
बिखरे जिस पथ पर
नीलोत्पल
हजारों हजार।

अतीत की आवाज़ें

अतीत की आवाज़ें
धमधमाते कदम
छपाक
जन्म लेती इक लहर
छलक जाते
बादलों के होंठ
उपन्यास के पन्नों-सा
सयाना होता है हर ख्वाब
छोटे-छोटे से हाथ
पूर्ण होना चाहते
इतने पास
देखा गुना
उँगलियों के सहारे
कैसा निगीर्ण सत्य
साथ बैठी काया
बेतहाशा बर्फ, कोहरा
कभी-कभी
चुपचाप ही
कोई ख़्याल लौट जाता है
अनन्त मौनी सतहों में विलीन
पीछे एक
खड़ी लकीर छोड़कर।

आकाश लिंग

अपनी पूर्णता सिद्ध करता
लगातार
हरे वृक्षों के पार
प्रार्थनाओं की पताकाओं-सा निरूपित
संवित संवत्सर
फिर लौट-लौट कर
उसी धवल चाँदनी में
विरक्त रेखाओं को खोजता
देख लेता है चरवाहा
पार्वती मन्दिर के शिखर पर प्रतिष्ठित
स्वयम्भू
आकाश लिंग को।

कितने अन्तर्मुख

कितने शब्द
कितनी रेखाएँ
कितनी व्याकुल अमिश्रित वाणी
कितने रंग-प्रसंग
कितना शून्य का अम्बार
कितने अजीब-अजीब संस्मरण
कैसा कारुण्य
क्या-क्या होता है उसके पीछे
हर बार खोजता हूँ

चाँदी-सा तिलस्मी त्रिकोण
तेजोवलयी कल्पनालोक
चुपचाप गहराती छवि
उतर आते रंग
नवचम्पक की सुगन्ध
मन्दस्मित संलाप-माधुर्य
कितने अन्तर्मुख!

अनदेखा अवदान

अवश्य ही
दस्तक देता
पूछना भी चाहता
कई बार
साथ-साथ
सशंकित
काया-माया के समीकरणों के
बीचों-बीच
भला-भला-सा होता है
तुम्हारा वहाँ होना
देखो कैसी होती
अपने लोक में
लौटने की जुम्बिश
सर्वथा भिन्न-भिन्न आस्वाद
स्वाभाविक है
एकाकी परिदृश्यों का टूटना
महाभारत के अर्थ-सा
ये अनदेखा
अवदान।

रात बे–रात

रात बे–रात
अपलक
भलीभाँति प्रमाणित
अतृप्त अँधेरा
कैसे बताऊँ तुम्हें
अजीब अजीब–सी व्यथाएँ
हर क्षण
अस्थिर चकरी–सा
टटोलता मन
संज्ञान के अर्थ
कोरे कागज की उम्र भी
कम होती जाती
स्वेच्छा का अमेय बन्धन
शब्द शक्ति का स्पर्श
और
अवधू के पन्थी स्वर
गहराता अनहद नाद का श्रवण
किसी तरह तोड़ ही देता
जुगत कर चख लेता है वह
इस अद्भुत संसार का
तीखा रस।

नाम न दे सका

ना चित्रों को
और ना ही शब्दों को
नाम दे सका
होता गया सृजन
अनाम ही
खजुराहो के शिल्पों-सा
केवल सौन्दर्य
अहंकार नहीं
अलंकार ही
शायद मान्य
समय को यही।

विरासत

प्रतीक्षा पर्याय हुई श्वासों की
सभी कुछ जुड़ गया
बीते बरस-दर-बरस
अब कर्म बन गयी यह साधना
गढ़ दिया गया था शायद
जन्म से पूर्व ही
पूर्ण नहीं होगी कभी
मध्यान्तर तो आते हैं
बन जाएगी विरासत जल्द ही
सौंपेगी जिसे
आने वाली को माँ।

उतरा उजास हथेलियों में

उतरा उजास हथेलियों में
अब तक जो बन्द
परिपक्व हो चुकी आँखें भी
देख लेती हैं आईने
स्थिर सूरज की किरणों को बाँधे
गौरेया अटारी पर बैठी
तालाब के किनारे वाला नीम भी
गुनगुनाता वही स्वर
चुपचाप सिखाया था कभी जंगम ने जिसे
मौन भाषा में
या दोहराया गया बारहखड़ियों-सा
पोसाली गलियारों में।

जादुई कटोरे में

जादुई कटोरे में
ठहरा पानी
सितारे तैरते
सागर देखता
दूर खड़ा सोचता
कौन बड़ा
क्योंकि इस बार तो
सब कुछ साफ है
पारदर्शी है।

रोक नहीं सकता

रोक नहीं सकता
बहते समय को
नहीं बना सकता बाँध
अतिसूक्ष्म धार निकल जाएगी
हथेली से
मिथ्या हो जाएँगे कर्म
बस सोचता रहूँगा मर्मज्ञ बन
देगा जब आवाज़
क्षितिज से।

वृक्ष और मैं

अन्दर मैं
और बाहर वृक्ष
देखते–देखते समा जाता
किन्तु वृक्ष, वृक्ष ही रहता
मैं, मैं नहीं रह पाता
वृक्ष हो जाता हूँ।

अरण्य जानते हैं

अरण्य जानते हैं
ढँक दिया गया उन्हें
सफ़ेद चादर से
बिखेर कुछ रंग
हरे-पीले

छिपी जड़ें दरख़्तों की
समाये प्रतिबिम्ब फूलों के
छलकते जल के सोते भी
अदृश्य होने से पहले
करते सहृदयी संवाद

पर्वत के आकार के साथ
परछाईं विस्तृत होती
देखती है बार-बार पीछे
मुड़कर
कहीं बाँध न दें काली रेखाएँ
अरण्य बहुत कुछ जानते हैं।

अनमना राग

किससे कहे
अनमना राग
अकारण ही परोसता है
निबद्ध प्रतिबिम्ब
पक्की-पक्की दीवारों के सहारे
गुजार देता
इक नन्हा-सा लोक
मैं जानता हूँ
काली-काली रेखाओं-सी
बैठ जाती है संकोच की परिभाषा
पठारी चरवाहों की
कहानियों में प्रतीक्षा
करती संजीवनी
केवल विपुल नेत्रों की
ओस पाने के लिए
समन्दर से लड़ जाती
छोटे-छोटे सपनों को
किन्हीं सपनों के सहारे
छोड़ देती
स्मृतियों में खोई
स्मिता!

गति से परे

कहाँ खत्म होने वाली
ये माटी की छाप
कैसी विस्मृति
जड़ता
अनेक सतहों के पार
मस्तिष्क के विज्ञान का संकेत
सम्भव है एकालाप
चन्द्रताल का आलिंगन
निर्वस्त्र दिशाओं की उपस्थिति
रेत, बर्फ, चमकीले नेत्र
कुछ भी तो ज्यादा नहीं
खुली खाली हथेलियाँ केवल
गति से परे
प्रतिबिम्बों से दूर
छिपे भव के साथ स्वरूपित
ये सांकेतिक अन्तेष्टियाँ
कहाँ खत्म होने वालीं!

सिंहस्थ–1

हजारों पताकाएँ
तैरती रुद्र सागर में
कुछ संजीवनी, सिन्दूर
कुछ–एक पीले मनकों को पिरोती
पहुँचाना है
मंगलनाथ के अंक पात में
वैष्णव अखाड़ों पर
दिखा वहीं तो सूर्य सुबह का
पता नहीं कौन किसे पवित्र कर रहा
धो रहा किसके पापों को
धुनियों के धुएँ में
सराबोर गगनमंडल
चाँद झाँकता बहते जल में
खोज रहा अपनी खोई परछाईं
जिसे निगल गयी कोई लहर
या अँजुरी में
ले गया अघोर
शाही स्नान कर।

सिंहस्थ–2

बूढ़े बरगद के नीचे
मज़ार में लेटा काला पीर
बदलता अपनी चादर
पूछने वालों को बताता रास्ता
रामघाट का
जानता है कि रोज वहीं
मस्जिद वाली गली के मुहाने पर
बिकती चादर रामनाम की जहाँ
ओढ़ा दी आज फिर किसी ने
काले पीर को
सबके सामने।

कौन जानता किसे पता

कहाँ प्रारम्भ
कहाँ अन्त
इन पराख्यानों का
कौन-से चाक पर
किस प्रजापति ने गढ़ा
और तपाया किस अग्निकुंड में
कहाँ वे रंग
कहाँ वह तूलिका
कौन-सी वृक्षों ने दी छाँव इन्हें
कौन-सा जल भरा गया इनमें
कौन-सी धरा में किया विलीन
कौन-सा तत्त्व कहाँ
कौन जानता, किसे पता!

निजान्तर्गत

निजान्तर्गत
संवित विकल्पों से परे
साक्षात् जाग्रत
देशकाल की सीमाएँ लाँघ
दर्पणदृश्यी मायावी प्रतिमानों के साथ
चराचर लोक का अतिरिक्त बसन्त
शाब्दिक संकेतों के संग-संग
अपनी ही शर्तों पर
कभी बीज, कभी अंकुर
कभी गहरे नीले रंग से केलि करता
कल्पित केनवास पर पसरा
वितृष्ण बेताल
जानना चाहता है
मुक्ति की सम्भावित पात्रता।

अचेत ही निरखती

अचेत ही निरखती
नकार देती
यूँ ही बीत जाता
एक-एक दिन
आखिर क्यों नहीं रुकतीं
ये यात्राएँ
चन्द्रशिला के स्वप्न-सी
डूबती जातीं
याचक प्रतिबिम्ब छिपाता है
घुलते अँधेरे-सा पनहा लेता
रियाज़तगाह के उन
गलियारों में
जहाँ अब तक
सारे कागज
कोरे के कोरे हैं।

बस कथाएँ सुनता हूँ

बस कथाएँ सुनता हूँ
समय दोहराता
शब्द नापते गहराइयाँ
धूप दर्पण देखा करती
सचमुच कैसे सहता होगा अरण्यक
उजाड़ बीहड़ सदा सतही बातों में
उलझे रहते
नामरूप दोहराते देवता भी
अभी रहना है
सहना है
समतल जो करनी है धरती
नयी कथाओं के बीज बोने वास्ते।

धीरे-धीरे

धीरे-धीरे
फिर बर्फ पिघलने लगी
रहस्मयी धूप दर्ज़ कराती
उपस्थिति
नीला पहाड़ गंगा की लहरों से बातें करता
कहता
सुनता
समझता
कभी रटने लगता
उम्मीद एक रात ठहरने की
लेकिन गुनगुनाती
अविरल धारा तो अनिकेत है
पर्वत फिर देखता, कहता, सुनता
रटता रहता
धीरे-धीरे।

क्या होगा उस आसमान का

क्या होगा
उस आसमान का
छिटककर रंग जिसके
जा गिरे
परछाईयाँ झाँका करतीं
अँधियारी खोह में
क्या दिखता होगा
सिवाय सदियों पुराने
अन्तहीन अन्धकार के
कभी शून्य
कभी तिलस्म
कभी बिम्ब
क्या-क्या कहा जाता
फिर भी देखा करते
राहें
क्यों नहीं उठाते
बिखरे रंगों को
भोर, दोपहर, शाम
सुर्ख़ लाल, पीला, नीला
बस
रंग डालो फिर से!

दादूराम सत्यराम –1

योग यज्ञ
जीव मंशा
देव दैत्य
समस्त परिसीमाओं के बाहर
एक अभयदान केवल
केवल एक मतवाला करतार
किसका स्वामी
किसका नूर
किसका सबद
अन्दर बाहर
आदि अन्त तक
जोड़ता घट को घट से
मीठा दरिया केसर का
दीपक, जल या साधु
झिलमिल झरता
अमोलक मन्त्र
खेजड़ी के नीचे बैठा
निराकार गरीबनवाज़
दादूराम सत्यराम
दादूराम सत्यराम।

दादूराम सत्यराम –2

दर आगे दर पीछे
किसका जोबन
कौन छलावे
कौन–सो नाम जगावे रे
जीवा जूणी
निरजत सिरजत
मूल त्यजे सो पावे रे
प्रेम परीक्षा
व्योमगंग–सी
मर्म एक सो जाणे
तुम्हीं समरथ ठाकुर जी मेरे
अल्ला मौला पालन हारे जी
हम तो करते सतगुरु सिमरण
एक ही नाम उचारे जी
दादूराम सत्यराम
दादूराम सत्यराम ।

दादूराम सत्यराम –3

खेजड़ा जी
गौरीशंकर तालाब
दौड़ती पगडंडियाँ
भैराणा के पर्वत
रेतीले टीले
सरकंडों पर पसरी धूप
सभी बन
' बेल–रसाल'
खोजत आपन–आपन
आतम मूल
एक परिष्कृत अविरल नाम
दादूराम सत्यराम
दादूराम सत्यराम।

दादूराम सत्यराम-4

गलत कहा किसी ने
कि रंग धोखा देते हैं
शब्द पहले या रंग
क्या कहते
रंग बदलते हैं?
बदलते हैं रंग तुम्हारे लिए
चीजें रंग बदलती हैं
इंसान रंग बदलते हैं
रंग अपना रंग कभी नहीं बदलते।

प्यारे!
शब्दों की जुबान तो तुम्हारी है
कल्पित रंगों की
अपनी भाषा
अपना व्याकरण होता है
रंग दिमागी चतुराई से नहीं
पढ़े जाते
रंग ज्ञान की छलनी से नहीं
छाने जाते
उन्हें तो बस
दादूराम सत्यराम।
दादूराम सत्यराम।

दादूराम सत्यराम–5

शब्दों में
रंगों में
या फिर अनगढ़ कथनों में
जल, माटी
कहाँ है?

बिम्ब, प्रतीक
आभा, स्पन्दन
हद, अनहद
चिरविजयी आचमनों में
कहाँ है?

कुआँ, खेत
नहर, बाड़ी
खोजो तो ज़रा
कुम्हार के चाक पर
जुलाहे के करघे पर
रंगरेज की छलनी में
सर्वहारा के चिरागों की लौ में
शायद और भी ज्यादा गहरा
कहाँ है?

मन्दिर की घंटियाँ
मस्ज़िद से उठी अज़ान

चुनना होगा मोती–सा
खँगालना
बाँधना होगा मध्यस्थ सूर्य को
रेत पर बिखरी रश्मियाँ जिसकी
बसी समस्त स्मृतियाँ जन्मातरों से
रोम रोम विभूतित
दादूराम सत्यराम।
दादूराम सत्यराम।

रात काली क्यों होती है

प्रकृति पुरुष
प्रदीप्त अव्यक्त धारा
समानान्तर सिलसिलेवार
आमने-सामने
ऊँची-ऊँची दीवारों से घिरा
वर्णित होता सन्तप्त काल
खंड-खंड समूचा आकाश
विहार, मशान, शिल्प, विक्षिप्त स्वप्न
हिमपात में दबे
प्रस्तर, ताड़पत्र
लोहे की भुजाएँ जोतती
बंजर भू-भाग
रिसता जहाँ बूँद-बूँद
ऐकान्तिक आनन्द
पसरता सुनहरा फिरदौसी बादल
दिनान्त होते होते
सूर्य से माँगे ये अनहदी मन्त्र
सुनाता था जो
मूमल-महेन्द्र की कहानी
सरोवर की लहरें भी सो जातीं
मछलियाँ पूछतीं प्रश्न
आखिर ये रात काली क्यों होती है!

प्रवाल

व्यष्टि समष्टि के बीच
फासला पाटती
मनस्वी स्मिता
नीरवता भरता
द्विजन्मा सूर्य खड़ा
जकड़ समस्त सन्तापों को
वनविहारी भुजंग खँगालता
कागभुशुंडी की अँगीठी
पंचवटी की पर्णकुटी में
बाट जोहता उसी तीर्थयात्री की
लाएगा जो बाजरे के सोगरे
पार कर पथरीला रास्ता
पीकर कड़वी-कड़वी बातें
बिखेर देगा
परिष्कृत प्रवालों को
आज फिर मांडवी के किनारे!

दो वृक्ष और ब्रह्मांड

दो वृक्ष और ब्रह्मांड
सभी कुछ तो
नक्षत्र, सितारे, आकाशगंगाएँ
समन्वित-सी
ऊर्जा, प्रवाह, शान्ति, विश्रान्ति, समकक्ष
बिखरे बिन्दु-रेख
मध्य बँधा स्वर्ण से
रेत का धोरा प्रतीक्षारत नृत्य को
ओढ़े हरी ओस की चादर
यही सब तो दिखाई दिया स्वप्न में
जिसे खोजना होगा
रंगों में, शब्दों में
अपने कल्पित संसार में।

कुछ भी नहीं रुकता

कुछ भी नहीं रुकता
मौसम
नदी
बर्फ़
बादल
रेत
पत्ता
रात
दिन
इक लम्हा
नहीं
इक परछाईं भी नहीं
सरक जाते सबके सब
नहीं रह पाता
कोई भी कभी
अपने किनारों से बँधकर
नंगे पाँव ही दौड़ जाते हैं
असल
समय पर।

रुधिर संन्यास

कौन हो सकता है
नित्यस्फूर्त
बदला-बदला सम्बोध
अथवा संकोच
हर कड़ी, हर अंश में
व्यापक संवेदना
नहीं बच पाता दूसरा चरित
धीरे-धीरे लौटाता हूँ
अपने वस्त्र
अपनी आभा
अपना परिचय
तरह-तरह के संयोग
देश-विदेश की कथाएँ
उसके पास नहीं है सहमति
बेवजह का विश्वास केवल
अब किसके हवाले संन्यास
रुधिर संन्यास!

बूढ़े पोखर के लिए

अभी अभी
काँप गया शब्द
सुरमयी–सा
नैनों का संस्मरण
कुछ आदिम
जुड़ने का न्याय
या
कुछ टूटने का सौन्दर्य
किसी रहगुजर–सा
तलाशता
वो दो लम्हे
उठा ले जाता है
देहरी पर रक्खे
सुनहरे पंख
बूढ़े पोखर के लिए।

उड़ गयी निद्रा

उड़ गयी निद्रा
स्वप्न नहीं
प्रत्यक्ष उपस्थित
पूर्ण स्थिर गगनोच्छित गिरिवरीय शृंखलाएँ
आच्छादित सघन वन
दक्षिणावर्तीय प्रकाशपुंजित गुहा
बैठे भस्म, रुद्राक्ष और जटाधारी योगी
बुलाते उसी सिंह को
जो रूप धर पुरुष-सा
दिखाकर मार्ग कैलाश का
तोड़ता अलौकिक स्वप्न मेरा।

टुकड़ा-टुकड़ा फिरदौसी बादल

उदास चेहरों के बीच
भरी-भरी
हथेलियों के साथ
झकझोर दौड़ती पालकी
सगा-सगा-सा परिचय
चितवन के इर्द-गिर्द
बे-परवाह
समलय मेघा
बेपर्द पानी
प्रकृति का हर रंग
किसी कुम्हलाये
ख्वाब-सा
टुकड़ा-टुकड़ा फिरदौसी बादल
इस बार
आसपास ही है
समवर्ती लहर
बरगद का पत्ता
और पयम्भर।

धूप ओढ़कर बैठा

धूप ओढ़कर बैठा आज वो
मस्ज़िद वाले शीशम पर
ढूँढ़ रहा कुछ
कल जो छूटा
पिंजर बावड़ियों में
अबके पानी उतर
चुका था
निचली पाज़ों की दहलीज़ तक
दीवारें जिसकी हरी-हरी-सी
काई जमी कोनों पर
कई कबूतर रहते
ऊपर वाले जंगले में
मधुमक्खी का छत्ता
लटका
औंधेमुँह गोमुख पर
शीशम की एक टहनी तोड़
पानी को कुरेदता
ना मछली ना मेढ़क कोई
बस अपना खोया
साया खोजता।

इक साधु, इक समाधि

फिर
रेखाओं में
सूरज के आस-पास
पावों की घास
गहराती है
उसी बिम्ब में
इक मछली
इक कमल
इक लहर
दोहरा जाती
इक रात
साबुत रात
पल-पल
इक खेल
इक आहट
इक साधु
इक समाधि।

शब्द कहीं खो गये

शब्द कहीं खो गये
छुपा लिया स्वयं को
किसी अँधियारी खोह में
विचार बाँध नहीं सकते
मृत्यु में पाई अघोषित
स्वतन्त्रता अपूर्व
सुयश को सुलभ
पुष्प नहीं
समाना है शाम की सलोनी
बाहों में
मुक्त जो मात्राओं की उलझनों से
और जहाँ नहीं हैं सरहदें भाषा की।

पूर्वाग्रह

आरोहण से पूर्व
बदलता है अपनी काया
स्वीकार है
पवित्र आचमन
अनदेखा आखेट
सहजस्फूर्त प्रकाश
महायोग को देता चुनौती
लयबद्ध देव अनुचर
खेलते समुद्र से आँखमिचौनी
आकाश के पास ही अवस्थित
अमूर्तित शब्दरूप प्रतिमा
कहीं कहीं
आह्लादित सूर्य की छवियाँ
ओझल भाग्यबल-सी
करती स्मरण पूर्वाग्रह का
पूछती
किसने है रैन बितायी पत्थरों पर!

कभी भी कहीं भी

गहरी नींद से जगाता है
ठहरने नहीं देता
कभी भी, कहीं भी
रेखाओं के इर्द-गिर्द
सीमान्त तक
एकरूप सजीवता
कैसा भावतत्त्व
हाशियों पर रहस्य
सुना अनसुना शब्द
अवास्तविक तिग्म प्रकाश
अपने रिश्ते, अपने कदम
अपनी गति खोजने की जुम्बिश
किसी अकरकर्म-सी
उपासना अनाहत अनन्त की
जहाँ बिखरी धवलता में
चुनता
फूटती डोभरियाँ
खींचता है
अन्तस्थ प्रत्यंचा
इक और सूत्रधार।

तीर्थयात्री

सूरज के साथ-साथ
साँस-दर-साँस
खो जाता
नंगे पाँव ही गुजरती है सुगन्ध
ठीक वैसा ही वैराग्य
पलक भर का
सैलाब के आने से पूर्व
खोजते-खोजते
इतिहास के बाहर
मध्यरात्रि से गुजरता
तीर्थयात्री
देखता रहस्मयी पर्वत
अपने तीसरे नेत्र से।

पवना पाणी अमरतरू

डुबकी-डुबकी
सुगन्ध
बादलों पर खेलती है
ढकेल देती
फुसफुसाने लगती
आकृत वर्तिका
अपाक्ष सुनाई पड़ता मरुराग
शब्दश:
पवना पाणी अमरतरू
जरणा जोगी भरम-करम
कौन सो सिमरन
कौन अकम्पन
कौन जो पीवे प्रेम पियाला
धीरे-धीरे इध्माग्नियाँ धारण करतीं
मन्त्रमयी काया
महालोक के बीच
नागचम्पा का स्पर्श
और यामा के आकृत स्वप्न
निष्णात
प्रशान्त पुरातन योग का सहारा
जहाँ विसर्जित नेत्र खोजते हैं
देवों की अनागत स्मृतियों का वनवास।

पकता है समय

पकता है समय
स्वप्नवस्तु
महाकल्पान्त में पुख्ता होता
सम्मोहन
श्रवण किया अर्थ
प्रयत्नपुरुष यथापूर्व दोहराता
स्पर्शसत्ता के अनुग्रह
मिट्टी के घोड़ों से
मनौती करते
वनवासी मुनि
अघोषित
अक्षय निद्रा में लीन
कठपुतली जगाता
विख्यात भागीरथ

आखिरकार
बदल जाती है
चन्द्रमा की स्थिति
संवित सरोवर
स्वरलहरियाँ
जोगिया सारंगी
और

भागते घुँघरू
यही तो है असल संकेत
समय के पकने का।

□□□

णाणं पयासयं

वीर नि.सं. 2470

ई.सन 1944

भारतीय ज्ञानपीठ